28 Novembre 1910

marqué PN

TABLEAUX ANCIENS

OBJETS DE VITRINE ET D'AMEUBLEMENT

Appartenant à Monsieur X... E. H. Hodgkins

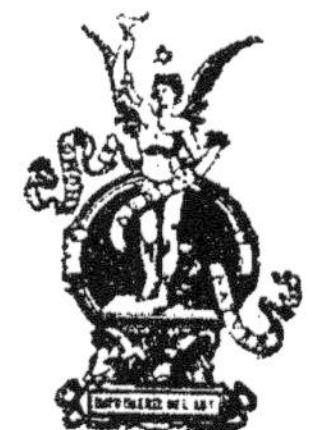

CATALOGUE

DES

TABLEAUX ANCIENS

Par

BOILLY, DROLLING, JEAURAT, ETC.

DESSINS ET AQUARELLES

OBJETS DE VITRINE ET D'AMEUBLEMENT

PORCELAINES, MINIATURES, BOITES

OBJETS VARIÉS — SCULPTURES

BRONZES, PENDULES

MOBILIER DE SALON EN TAPISSERIE

DU TEMPS DE LOUIS XVI

MEUBLES DU XVIIIe SIÈCLE

Appartenant à Monsieur X...

ET DONT LA VENTE AURA LIEU A PARIS

HOTEL DROUOT, SALLE N° 6

LE LUNDI 28 NOVEMBRE 1910, à 2 heures

COMMISSAIRE-PRISEUR

Me HENRI BAUDOIN, *Successeur de M. Paul CHEVALLIER*

10, rue de la Grange-Batelière

EXPERTS

Pour les Objets d'Art :	*Pour les Tableaux :*
MM. MANNHEIM	**M. JULES FÉRAL**
7, rue Saint-Georges	7, rue Saint-Georges

EXPOSITIONS

PARTICULIÈRE : *Le Samedi 26 Novembre.* } *de 1 h. 1/2 à 5 h. 1/2*
PUBLIQUE : *Le Dimanche 27 Novembre.* }

CONDITIONS DE LA VENTE

Elle sera faite *au comptant.*

Les adjudicataires paieront *dix pour cent* en sus des enchères.

Paris. — Imprimerie de l'Art. CH. BERGER, 41, rue de la Victoire.

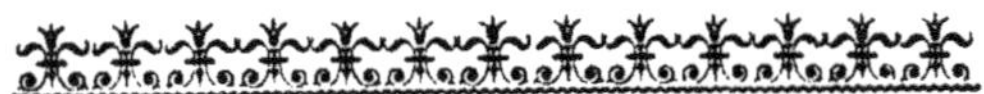

DÉSIGNATION

DESSINS ET AQUARELLES

FRAGONARD
(ALEXANDRE, le fils)

1 — *Le Déjeuner.*
Aquarelle. Signée à gauche.
Haut., 20 cent.; larg., 30 cent.

GARBIZZA

2 — *Une Soirée de Coblentz.*
Aquarelle datée *1806*.
Haut., 17 cent.; larg., 24 cent.

GARBIZZA

3 — *Les Ennuyés de Longchamps.*
Aquarelle datée *1806*.
Haut., 17 cent.; larg., 24 cent.

HARRIET

4 — *Voilà le travail à la mode.*

— *C'était l'ancienne méthode.*

Deux compositions sur la même feuille.
Dessin rehaussé d'aquarelle, daté *1803.*

Haut., 18 cent.; larg., 24 cent.

ISABEY

(Attribué à)

5 — *La Jeune Femme au manchon.*

Assise dans un fauteuil devant une fenêtre, les cheveux bouclés, coiffée d'un foulard noué sur le front, elle cache ses mains dans un grand manchon de fourrure.

Dessin au crayon noir et à l'estompe.

Haut., 29 cent.; larg., 24 cent.

LAWRENCE

(Attribué à Sir THOMAS)

6 — *Portrait de Miss Kemble.*

Dessin au crayon noir rehaussé de sanguine et de bistre.

Haut., 21 cent.; larg., 16 cent.

PASQUIER

7 — *La Leçon de musique.*

Aquarelle datée *1804.*

Haut., 19 cent.; larg., 27 cent.

PASQUIER

8 — *La Dansomanie.*

Aquarelle datée *1804*.

Haut., 17 cent.; larg., 25 cent.

PASQUIER

9 — *Rencontre d'ouvrières en modes.*

Aquarelle datée *1805*.

Haut., 20 cent.; larg., 27 cent.

TRÉMOLLIÈRES

(PIERRE-CHARLES)

10 — *Groupe de trois amours.*

L'un entoure de ses bras un coq qui chante.

Croquis au crayon noir, lavé de bistre et rehaussé de blanc sur papier bleu.

Dessin ovale d'un panneau de lambris.

Haut., 26 cent.; larg., 20 cent.

(*Collection des Goncourt, vente des 15, 16 et 17 février 1897.*)

ÉCOLE FRANÇAISE

(XVIIIe siècle)

11 — *Jeune fille en buste.*

Un ruban noué autour du cou, elle porte dans ses cheveux bouclés une aigrette et des fleurs.

Dessin au crayon noir.

Toile. Haut., 32 cent.; larg., 24 cent.

Cadre en bois sculpté.

ÉCOLE FRANÇAISE

12 — *La Surprise.*

Aquarelle datée *1811.*

Haut., 17 cent.; larg., 24 cent.

ÉCOLE FRANÇAISE

13 — *Le Jeu du diable.*

Aquarelle datée *1812.*

Haut., 22 cent.; larg., 16 cent.

ÉCOLE FRANÇAISE

14 — *La Chaine des dames.*

Aquarelle datée *1812.*

Haut., 18 cent.; larg., 17 cent.

ÉCOLE FRANÇAISE

15 — *La Malade.*

Aquarelle.

Haut., 25 cent.; larg., 18 cent.

ÉCOLE FRANÇAISE

16 — *La Leçon de danse.*

Aquarelle.

Haut., 17 cent.; larg., 23 cent.

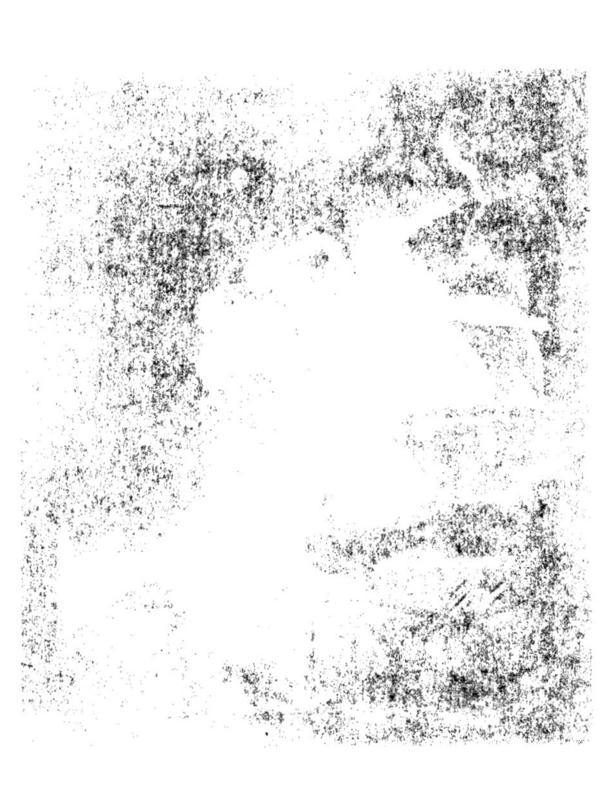

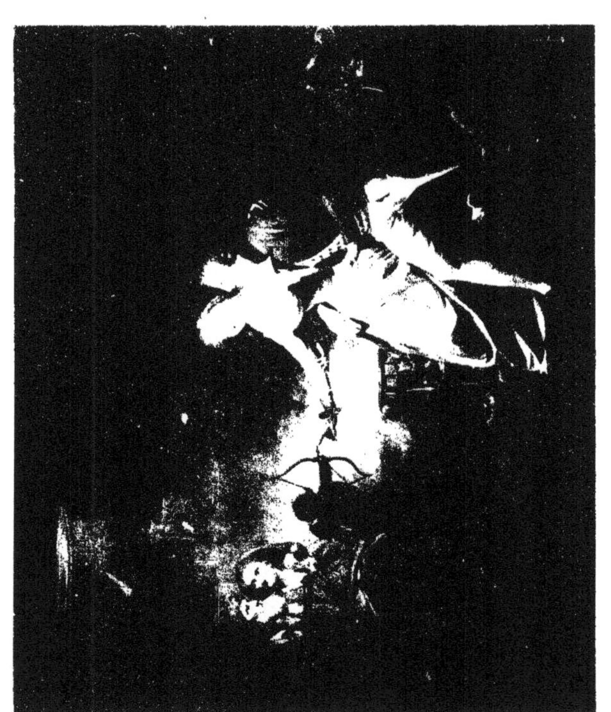

TABLEAUX ANCIENS

BOILLY

(LOUIS-LÉOPOLD)

11 800

Ducrey

17 — *L'Étincelle électrique.*

Dans un intérieur d'alchimiste, devant la statue d'Eros bandant son arc, un couple debout se tient enlacé. La jeune femme en robe blanche, une ceinture rose nouée sur le côté, touche d'un geste effrayé la flèche de l'Amour. Le jeune homme en habit rouge, gilet bleu, culotte nankin, soutient le bras de sa compagne.

Un brûle-parfum enflammé répand au centre une fumée vaporeuse.

A gauche, un vieillard, coiffé d'une toque rouge bordée de fourrure, actionne l'appareil de Ramsden posé sur une table couverte d'un tapis et produisant l'étincelle. Derrière lui, une femme, un flacon à la main.

Au premier plan et à terre, des objets de laboratoire.

A droite, un chien aboie. Vers le fond, sous le manteau d'une haute cheminée, un jeune garçon lit un mémoire, assis devant une cornue.

Toile. Haut., 55 cent.; larg., 54 cent.

BOILLY

(LOUIS-LÉOPOLD)

18 — *Portraits présumés de Madame Tallien et de sa fille.*

Elles sont représentées dans un parc, assises sur la margelle d'un puits.

La jeune mère, en robe décolletée, les cheveux courts et tombants, les mains jointes, regarde vers la droite. Sa fillette, tournée vers elle, la figure souriante, vue de face, les cheveux bouclés sur les épaules, la tient par le bras.

Derrière elles, une fontaine coule d'un mascaron fixé contre un mur.

A gauche et vers le fond, un pont de bois.

Belle et intéressante peinture en grisaille.

Signée à gauche sur une marge peinte.

Haut., 67 cent.; larg., 56 cent.

(*Collection Mühlbacher. Vente des 15 et 18 mai 1899.*)

BOILLY

(Attribué à)

19 — *Portrait de Jeune Femme.*

En buste, les épaules couvertes d'un fichu de mousseline et d'un châle de soie jaune, un foulard noué sur ses cheveux bouclés et légèrement poudrés.

Signé à gauche et daté : *1793.*

Toile de forme ovale.

Haut., 58 cent.; larg., 47 cent.

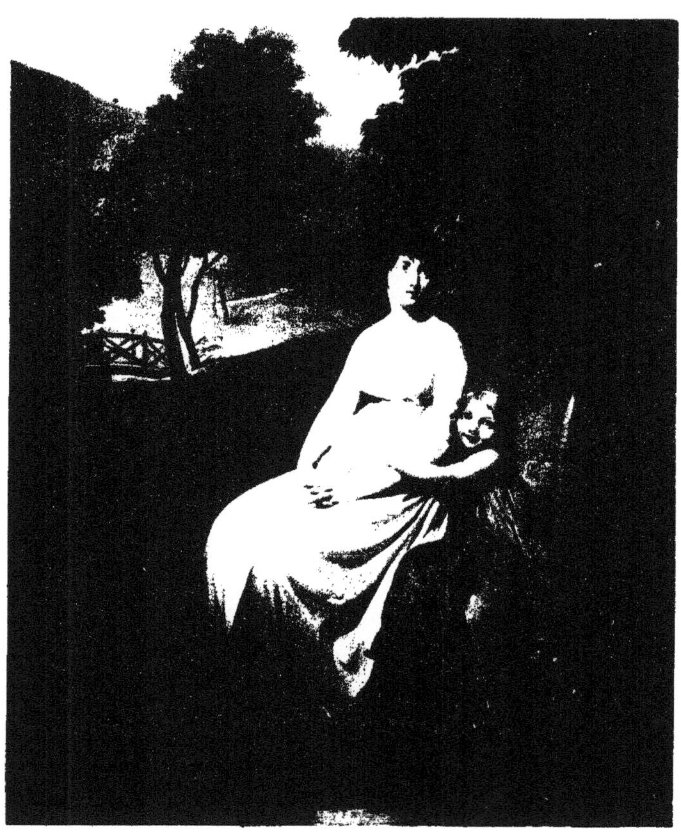

18

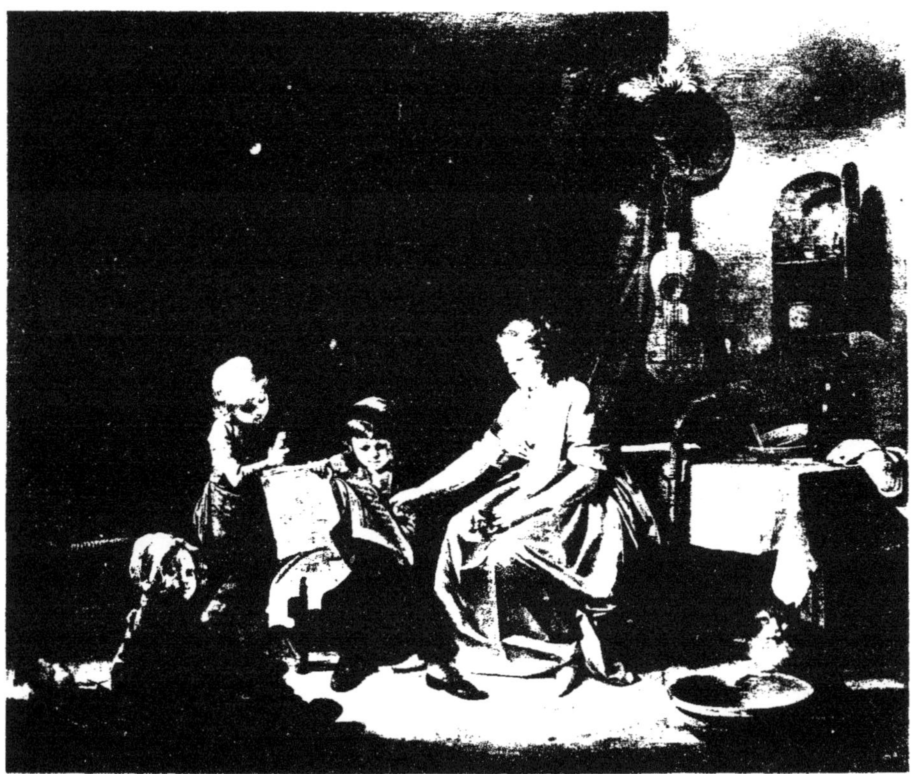

20.

DROLLING

(MARTIN)

20 — *La Leçon de musique.*

Une jeune femme en robe de soie bleue, un châle jaune drapé sur les épaules, est assise dans un intérieur, un bouquet de roses à la main gauche, montrant des notes à un petit garçon coiffé d'une toque rouge, qui tient une partition ouverte sur ses genoux. Un autre petit garçon blond, les cheveux bouclés, un tablier sur son habit gris, serre un feuillet de musique roulé dans sa main droite.

A gauche, une fillette en jupon rouge, corsage vert, bonnet blanc, est assise à terre près de sa poupée.

A droite, sur une table, les reliefs d'un repas, un chat près d'une jatte en terre et, accrochés contre le mur, un chapeau à plumes, une guitare et un manteau vert.

Signé à droite et daté : *1797.*

Haut., 49 cent.; larg., 60 cent.

JEAURAT

(ÉTIENNE)

(DEUX PENDANTS)

21 — *Le Marchand de peaux de lapins.*

Un petit garçon pauvrement vêtu marche dans une rue pavée, portant sur son dos des peaux de lapins et un sac pendant sur le côté.

Toile. Haut., 73 cent.; larg., 58 cent.

Cadre en bois sculpté.

JEAURAT

(ÉTIENNE)

(PENDANT DU PRÉCÉDENT)

22 — *La Joueuse d'orgue.*

Coiffée d'un fichu noir noué sur son bonnet blanc, vêtue d'une robe de bure rapiécée, son instrument de musique retenu sur l'épaule par une courroie de cuir, elle est debout au pied d'un escalier, excitant les aboiements d'un chien.

Toile. Haut., 73 cent.; larg., 58 cent.

Cadre en bois sculpté.

VIGÉE-LEBRUN

(Attribué à Madame)

23 — *Portrait de la Princesse Marie de Prusse.*

Elle est représentée à mi-corps, coiffée d'un voile de tulle passé sous le menton et accoudée sur un coussin de velours rouge.

Toile. Haut., 68 cent.; larg., 57 cent.

ÉCOLE FRANÇAISE

(XVIIIe siècle)

24 — *La Ménagère.*

En corsage rouge, jupon bleu, bonnet blanc, assise dans un intérieur rustique devant une table où sont posés des légumes.

Près d'elle un chat blanc angora.

Toile. Haut., 22 cent.; larg., 18 cent.

PORCELAINES

25 — Bouteille en ancienne porcelaine de Chine émaillée foie de mulet ; base et collerette à dragons en bronze doré.

Haut., 30 cent.

26 — Grand vase en ancienne porcelaine flambée de la Chine : col et base en bronze doré.

Haut., 57 cent.

27 — Pot, surmonté d'un cornet, en ancienne porcelaine du Japon, à décor de fleurs et oiseaux. Monture en bronze doré.

Haut., 56 cent.

28 — Deux grandes potiches avec couvercles en ancienne porcelaine du Japon, à décor de grands compartiments de fleurs et de rochers.

Haut., 65 cent.

29 — Deux cache-pots en ancienne porcelaine de Sèvres, année 1773, surdécorés : fleurs, attributs et feuilles de choux.

Haut., 17 cent.

30 — Groupe en biscuit de Sèvres, commencement du XIXe siècle : les Adieux d'Hector et d'Andromaque. Base en bronze doré.

Haut., 48 cent.

MINIATURES

OBJETS DE VITRINE

31 — Miniature ovale : Portrait de jeune femme en buste, vêtue de blanc, avec draperie sur la tête et nombreux rangs de perles. XVIIIe siècle. Encadrée.

Grand diamètre, 65 millim.
Petit diamètre, 55 millim.

32 — Deux miniatures rectangulaires en grisaille, représentant chacune des divinités marines se jouant dans les flots. Par *de Gault, 1783*. Cadres en bronze.

Haut., 85 millim.; larg., 210 millim.

33 — Miniature ovale, représentant deux nymphes nues sur des draperies, accompagnées d'un cygne. Fond de rochers. École de Charlier.

Grand diamètre, 85 millim.
Petit diamètre, 65 millim.

34 — Grande miniature rectangulaire : Portrait de la reine Hortense, représentée assise dans un fauteuil auprès d'une toilette et vêtue d'une robe bleue décolletée. Derrière elle, une draperie. Encadrée.

Haut., 24 cent.; larg., 16 cent.

35 — Miniature ronde dans la manière de Van Blarenberghe : le Lever ; composition de trois personnages dans une chambre luxeusement meublée. Cadre en or et argent.

Diam., 70 millim.

36 — Petite peinture ovale sur émail : Portrait de femme en buste, vêtue d'un corsage noir décolleté et coiffée d'un long voile. XVIIe siècle. Cadre d'argent timbré d'une couronne.

Grand diamètre, 30 millim.
Petit diamètre, 25 millim.

37 — Petite peinture sur émail, de forme ovale : Portrait d'homme en buste, coiffé de la perruque, portant l'armure et un rabat de dentelle. XVIIe siècle. Cadre en argent.

Grand diamètre, 30 millim.
Petit diamètre, 25 millim.

38 — Petite peinture ovale sur émail : Portrait de Louis XIV en armure, coiffé de la perruque. École de Petitot. Cadre à réverbère en or avec filet d'émail bleu.

Grand diamètre, 35 millim.
Petit diamètre, 30 millim.

39 — Petite peinture ovale sur émail : Portrait d'homme, en buste, de face, coiffé de la perruque et portant l'armure. École de Petitot. Cadre en or et argent, pavé de diamants.

Grand diamètre, 25 millim.
Petit diamètre, 20 millim.

40 — Boite ovale en or de couleur ciselé, à décor de rosaces, de quadrillés et de tores de lauriers. Poinçons de *Jean-Jacques Prévost, adjudicataire des droits de marque, années 1766-67*. Sur le couvercle, petite peinture ovale sur émail, de l'école de Petitot : Portrait de femme, en buste, décolletée, des perles dans les cheveux.

Grand diamètre, 90 millim.
Petit diamètre, 45 millim.

41 — Boite ronde en écaille blonde posée or à étoiles, ornée d'une miniature rectangulaire du temps de Louis XV, représentant une jeune femme vue à mi-corps, assise et vêtue de rouge.

Diam., 95 millim.

42 — Boite ovale en or, réémaillée à fond bleu, portant sur la gorge l'inscription « *Ménierre, rue Moncomseille à Paris* ». Époque Louis XVI. Sur le couvercle, petite peinture ovale sur émail de l'école de Petitot : Portrait d'homme coiffé de la perruque.

Grand diamètre, 80 millim.
Petit diamètre, 40 millim.

43 — Boite ovale en or ciselé du XVIIIe siècle et réémaillée, à décor de compositions dans la manière de Teniers.

Grand diamètre, 60 millim.
Petit diamètre, 45 millim.

14 — Ornement de coiffure, enrichi de diamants, émeraudes et rubis montés argent. XVIIIe siècle.

Larg., 120 millim.

15 — Boite rectangulaire à pans coupés en or émaillé gris bleuté, de la fin du XVIIIe siècle. Sur le couvercle, petite peinture ovale sur émail, de l'école de Petitot : Portrait d'homme, coiffé de la perruque et portant l'armure avec le cordon de l'Ordre du Saint-Esprit.

Long., 80 millim. ; larg., 60 millim.

16 — Boite ovale en or émaillé, à décor de paysages en camaïeu rose, avec encadrements de feuilles émaillées sur fond amati.

Grand diamètre, 65 millim.
Petit diamètre, 50 millim.

17 — Étui-souvenir en or partiellement émaillé à fond bleu, orné d'une miniature : Portrait de femme, d'un monogramme exécuté en or et des mots : « Souvenir d'amitié », pavés de jargons.

Haut., 95 millim. ; larg., 55 millim.

18 — Porte-tablettes compris dans un réseau d'or ciselé à rocailles et personnages, sur fond agatisé.

Haut., 95 millim. ; larg., 55 millim.

49 — Boite ovale en or de couleur émaillé à décor d'arbustes sur fond orangé, avec encadrements de filets d'émail blanc.

Grand diamètre, 85 millim.
Petit diamètre, 60 millim.

50 — Petite écritoire en galuchat, revêtue de motifs en or repoussé à sujet allégorique, amours et rocailles. Elle contient divers ustensiles montés or.

Long., 13 cent.; larg., 12 cent.

OBJETS VARIÉS

51 — Régulateur en acajou, à mouvement indiquant les heures, les minutes, les secondes, les phases de la lune, les quantièmes. Signé : *François Couturier, à Paris.* Fin du XVIIIe siècle ou commencement du XIXe siècle.

Haut., 2 m. 05 cent.

52 — Nécessaire de voyage en bois incrusté de cuivre, de *Biennais*, contenant de très nombreux ustensiles en or et argent, à décor de figures allégoriques, de feuilles et de rinceaux. La boite porte la marque : « *Biennais, orfre, rue Saint-Honoré, no 283, Au Singe violet, à Paris.* » Commencement du XIXe siècle.

Longueur de la boite, 38 cent.

53 — Cadre en écaille incrustée de cuivre et garni de bronzes dorés, du temps de Louis XIV.

Haut., 60 cent.; larg., 49 cent.

54 — Cadre rectangulaire, du XVIIIe siècle, en bois, revêtu de cuivre et orné d'un fronton à tête de Méduse et de feuillages.

Haut., intérieure, 52 cent.; larg. intérieure., 43 cent.

55 — Deux statuettes en plomb, du XVIIIe siècle, par le baron Shee, sculpteur décorateur anglais ; elles représentent des professeurs caricaturés sous les traits de personnages de la Comédie italienne, l'un dansant, l'autre tenant un violon et ayant un chat sur l'épaule. Sur gaines en bois sculpté et doré.

Haut., 95 cent.

(*Vente de Bryas, 1898.*)

56 — Buste, petite nature, en marbre rouge et albâtre, représentant le Dieu Pan. Italie, XVIIIe siècle.

Haut., 53 cent.

57 — Statuette en marbre blanc : l'Amour debout sur un dauphin, les yeux bandés, tirant de l'arc. Travail italien.

Haut., 80 cent.

58 — Deux bustes, grandeur nature, en pierre grise : Mars et Minerve.

Haut., 70 cent.

59 — Vasque ovale en porphyre rouge, sur piédouche à cannelures.

Haut., 48 cent.
Grand diamètre, 62 cent.

BRONZES, PENDULES

60 — Pendule, composée d'un grand motif à rocailles, orné de figurines, en bronze doré et contenant le mouvement. Époque Louis XV.

Haut., 52 cent.

61 — Pendule en cuivre et émail, enrichie de verroterie et surmontée d'une figurine d'Amour. Travail anglais du XVIIIe siècle.

Elle repose sur une base en acajou, ornée d'un médaillon et d'une frise en bronze.

Hauteur totale, 57 cent.

62 — Grand cartel en bronze doré, décoré d'un vase, d'un mascaron, de draperies et de feuilles. Époque Louis XVI.

Haut., 93 cent.

63 — Pendule en bronze doré, à mouvement surmonté d'un trophée de drapeaux et supporté par trois cariatides d'amours reposant sur une base circulaire. Cadran signé : *P^{re} Leroy, à Paris*. En partie du temps de Louis XVI.

Haut., 47 cent.

64 — Statuette en bronze patiné : Minerve debout, casquée et portant la chouette. Commencement du XIXe siècle.

Haut., 94 cent.

65 — Deux bouts-de-table à trois lumières en bronze doré, formés chacun d'une colonnette surmontée d'un vase et accostée de branchages porte-lumières.

Haut., 30 cent.

66 — Deux appliques à trois lumières en bronze doré, décorées de feuillages et surmontées d'un vase de flammes.

Haut., 58 cent.

67 — Paire de bras-appliques à trois lumières en bronze doré, à gaines surmontées d'un vase, avec mufles de lions et guirlandes de chêne.

Haut., 54 cent.

68 — Deux candélabres en marbre et bronze doré, composés d'une cassolette-trépied contenant le bouquet de quatre lumières.

Haut., 75 cent.

69 — Deux groupes en bronze à patine brune : Milon de Crotone dévoré par le lion et Hercule domptant le lion de Némée.

Haut., 34 cent.

70 — Statuette en bronze patiné : Marsyas lié à l'arbre.

Haut., 68 cent.

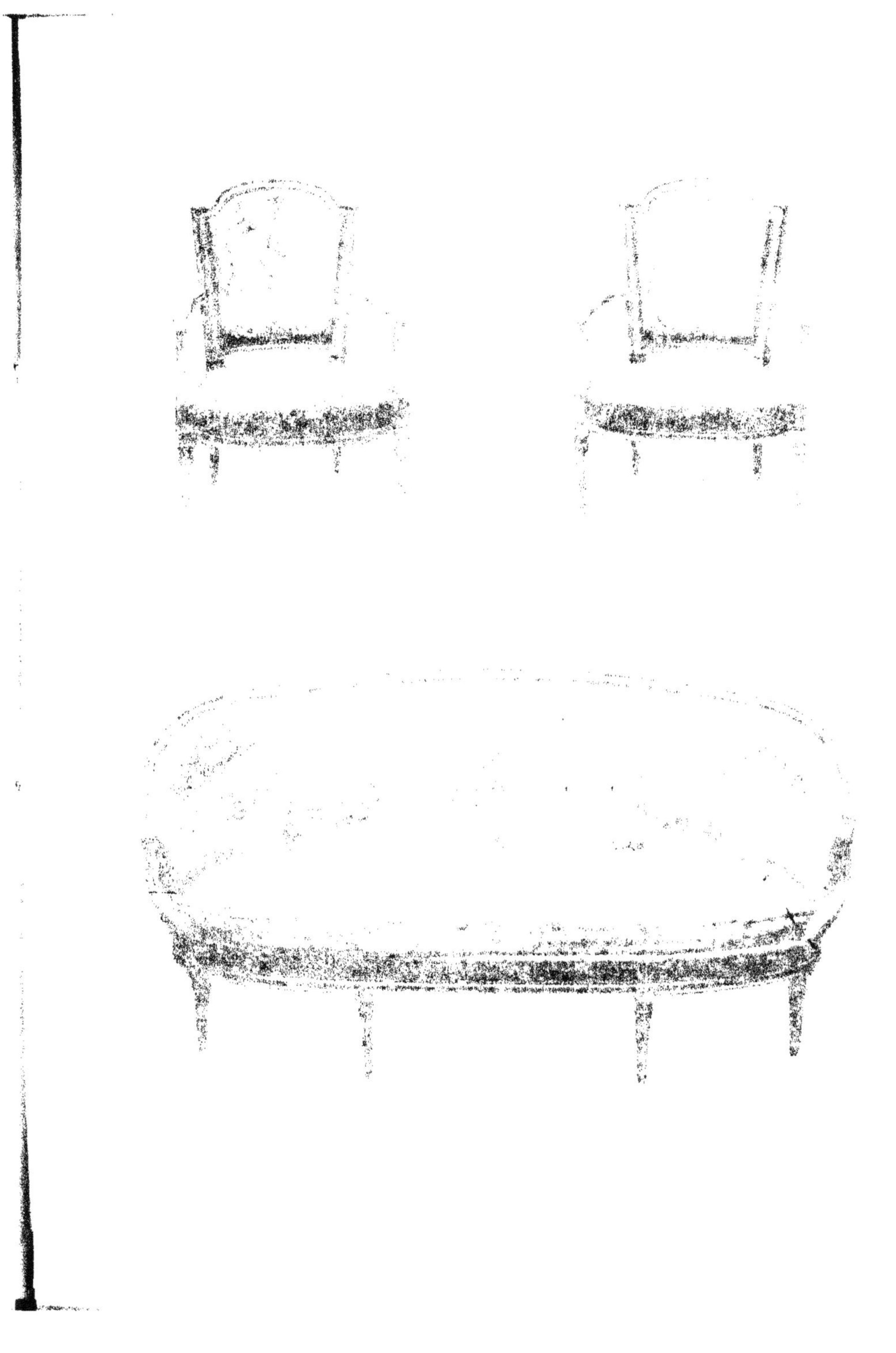

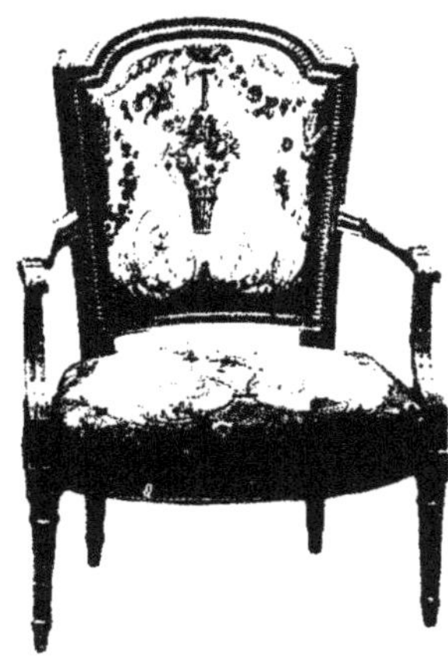
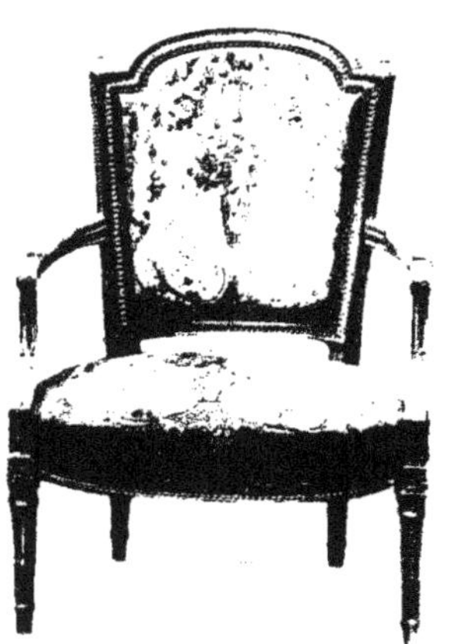
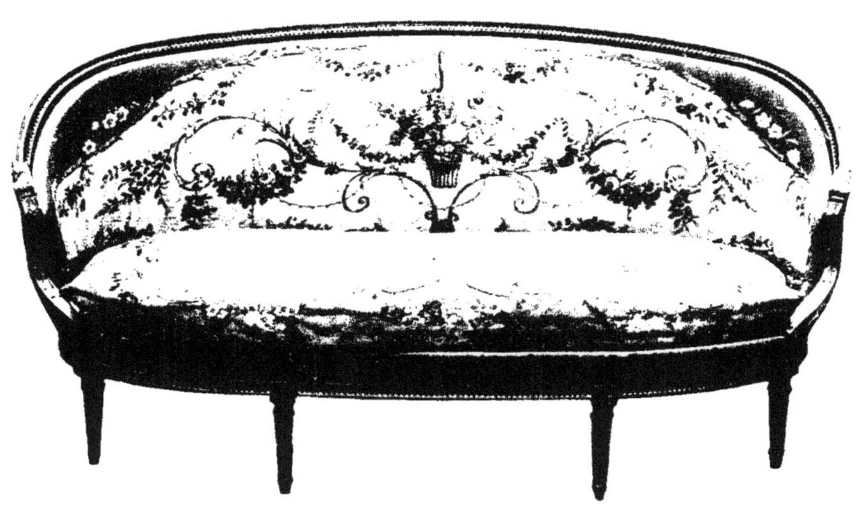

MEUBLES

71 — Meuble de salon, composé d'un canapé et de six fauteuils en bois doré, couvert en tapisserie d'Aubusson, du temps de Louis XVI, à rinceaux, guirlandes et paniers de fleurs dans le goût de Salembier.

Largeur du canapé, 2 mètres.

72 — Secrétaire, de forme contournée, à abattant et portes, en marqueterie de bois de couleurs à damier et fleurs. Dessus de marbre. Époque Louis XV.

Haut., 1 m. 53 cent.

73 — Deux encoignures en marqueterie de bois de couleurs, à décor de vases et de fleurs. Elles ferment à une porte. Dessus de marbre. Fin de l'époque Louis XV.

Haut., 88 cent.

74 — Secrétaire, de forme contournée, en bois de placage, contenant des casiers et des tiroirs masqués par un abattant, avec porte à la partie inférieure et dessus mobile. XVIIIe siècle.

Haut., 1 m. 15 cent.; larg., 66 cent.

75 — Glace dans un cadre en bois sculpté, ajouré et doré, à décor de rocailles, avec fronton présentant les attributs de l'Amour. XVIIIe siècle.

Haut., 1 m. 45 cent.; larg., 90 cent.

www.ingramcontent.com/pod-product-compliance
Ingram Content Group UK Ltd.
Pitfield, Milton Keynes, MK11 3LW, UK
UKHW021314190726
13839UKWH00007B/1833